Introducción

¿Te interesan las artes marciales?

Bruce Lee es uno de los artistas marciales más emblemáticos e influyentes de todos los tiempos. Su filosofía sobre la vida y las artes marciales no tiene parangón y aún hoy es estudiada por personas de todo el mundo. Este libro le dará una mirada en profundidad a su vida, sus enseñanzas y cómo revolucionó el mundo de las artes marciales.

Bruce Lee fue uno de los artistas marciales más influyentes de todos los tiempos. Nacido en San Francisco en 1940, estuvo expuesto a varios estilos de artes marciales en los primeros años de su vida. Tras mudarse a Hong Kong cuando era adolescente, empezó a enseñar Kung Fu y acabó desarrollando su propio estilo, el Jeet Kune Do. En 1963, regresó a Estados Unidos y abrió su propia escuela de artes marciales. Bruce Lee también apareció en varias películas, como The Big Boss y Enter the Dragon. La filosofía de Bruce Lee se basaba en el principio de "ser agua, amigo". Creía que uno debía ser fluido y adaptable como el agua para tener éxito en la vida. Sus enseñanzas han inspirado a millones de personas en todo el mundo y siguen haciéndolo en la actualidad.

Bruce Lee

Por la Biblioteca Unida
https://campsite.bio/unitedlibrary

Índice de contenidos

Conocerá el enfoque único de Bruce Lee sobre las artes marciales, muy influenciado por el taoísmo. Él creía que una persona debía ser como el agua, capaz de adaptarse y cambiar a cualquier situación. Esta filosofía puede aplicarse a muchas áreas diferentes de tu vida, como el trabajo o las relaciones.

Bruce Lee

Bruce Lee (chino: 李小龍; Jyutping: *Lei⁵ Siu² Lung⁴* ; nacido **Lee Jun-fan**, chino: 李振藩; Jyutping: *Lei⁵ Zan³ Faan⁴* ; 27 de noviembre de 1940 - 20 de julio de 1973) fue un artista marcial, instructor de artes marciales, actor, director, guionista, productor y filósofo hongkonés y estadounidense. Fue el fundador del Jeet Kune Do, una filosofía híbrida de artes marciales basada en diferentes disciplinas de combate a la que se atribuye el mérito de haber allanado el camino a las modernas artes marciales mixtas (MMA). Los críticos, los medios de comunicación y otros artistas marciales consideran a Lee el artista marcial más influyente de todos los tiempos y un icono de la cultura pop del siglo XX, que tendió un puente entre Oriente y Occidente. Se le atribuye el mérito de haber promovido el cine de acción de Hong Kong y de haber contribuido a cambiar la forma de presentar a los asiáticos en las películas estadounidenses.

Lee era hijo de Grace Ho y Lee Hoi-chuen, una estrella de la ópera cantonesa afincada en Hong Kong. Nació en San Francisco en 1940, mientras sus padres visitaban la ciudad con motivo de la gira de conciertos de su padre en el extranjero. La familia regresó a Hong Kong unos meses después. Su padre le introdujo en la industria cinematográfica de Hong Kong como actor infantil. Sin embargo, no se trataba de películas de artes marciales. Su primera experiencia en artes marciales incluía el Wing Chun (entrenado con Yip Man), el tai chi, el boxeo (ganó un torneo de boxeo de Hong Kong) y, al parecer, frecuentes peleas callejeras (en barrios y tejados). En 1959, Lee, al tener la ciudadanía estadounidense por su nacimiento, pudo trasladarse a Seattle. En 1961, se matriculó en la Universidad de Washington. Fue durante esta época en Estados Unidos cuando empezó a considerar la posibilidad de ganar dinero enseñando artes marciales, aunque aspiraba a una carrera de actor. Abrió su primera escuela de artes marciales, que funcionaba en su casa de Seattle. Más tarde añadió una segunda escuela en Oakland, y en una ocasión llamó la atención en los Campeonatos Internacionales de Karate de California de Long Beach de 1964 haciendo demostraciones y dando charlas. Posteriormente se trasladó a Los Ángeles para dar clases, donde entre sus alumnos se encontraban Chuck Norris, Sharon Tate y Kareem Abdul-Jabbar. En la década de 1970, sus películas producidas en Hong Kong y Hollywood elevaron las películas de artes marciales de Hong Kong a un nuevo nivel de popularidad y aclamación, provocando un aumento del interés occidental por las artes marciales chinas. La dirección y el tono de sus películas influyeron y cambiaron radicalmente las artes marciales y las películas de artes marciales en todo el mundo.

Es conocido por sus papeles en cinco largometrajes de artes marciales de Hong Kong a principios de la década de 1970: *The Big Boss* (1971) y *Fist of Fury* (1972), de Lo Wei; *Way of the Dragon* (1972), de Golden Harvest, dirigida y escrita por Lee; y *Enter the Dragon* (1973) y *The Game of Death* (1978), de Golden Harvest y Warner Brothers, ambas dirigidas por Robert Clouse. Lee se convirtió en una figura icónica conocida en todo el mundo, especialmente entre los chinos, por su representación del nacionalismo chino en sus películas, y entre los estadounidenses de origen asiático por desafiar los estereotipos asiáticos. Habiendo aprendido inicialmente Wing Chun, tai chi, boxeo y lucha callejera, los combinó con otras influencias de diversas fuentes en el espíritu de su filosofía personal de artes marciales, que bautizó como Jeet Kune Do (El camino del puño interceptor).

Lee murió el 20 de julio de 1973, a la edad de 32 años. Desde su muerte, Lee ha seguido siendo una influencia destacada en los deportes de combate modernos, como el judo, el karate, las artes marciales mixtas y el boxeo, así como en la cultura popular moderna, como el cine, la televisión, los cómics, la animación y los videojuegos. *Time* nombró a Lee una de las 100 personas más importantes del siglo XX.

Primeros años de vida

El padre de Bruce Lee, Lee Hoi-chuen, era un famoso cantante de ópera cantonés afincado en el Hong Kong británico. En diciembre de 1939, sus padres fueron a Chinatown, San Francisco, en California, para una gira internacional de ópera. Allí nació el 27 de noviembre de 1940, lo que le convirtió en un ciudadano con doble nacionalidad, hongkonesa y estadounidense, por nacimiento. A los cuatro meses (abril de 1941), la familia Lee regresó a Hong Kong. Poco después, la familia Lee tuvo una inesperada y dura vida de cuatro años, ya que Japón, en plena Segunda Guerra Mundial, lanzó un ataque sorpresa a Hong Kong en diciembre de 1941 y gobernó durante cuatro años.

El padre de Bruce, Lee Hoi-chuen, era cantonés, y su madre, Grace Ho, tenía ascendencia euroasiática. El abuelo materno de Lee era cantonés, su abuela materna era inglesa y su tío abuelo materno, Robert Hotung, era un exitoso empresario de Hong Kong de ascendencia judía holandesa y cantonesa.

Carrera y educación

1940-1958: Los primeros papeles, la escolarización y la iniciación en las artes marciales

El padre de Lee, Lee Hoi-chuen, era una famosa estrella de la ópera cantonesa. Por ello, el joven Lee se introdujo en el mundo del cine a una edad muy temprana y apareció en varias películas de niño. Lee tuvo su primer papel como bebé que fue llevado a escena en la película *Golden Gate Girl*. Tomó su nombre artístico en chino como 李小龍, lit. Lee el Pequeño Dragón, por haber nacido en la hora y el año del Dragón según el zodiaco chino.

Cuando tenía nueve años, coprotagonizó con su padre la película *The Kid* en 1950, basada en un personaje de cómic y que fue su primer papel protagonista. A los 18 años ya había aparecido en veinte películas.

Tras asistir a la escuela Tak Sun (德信學校; a varias manzanas de su casa, en el 218 de Nathan Road, Kowloon), Lee ingresó en la división de primaria del Colegio Católico La Salle a los 12 años.

En 1956, debido a su bajo rendimiento académico y posiblemente a su mala conducta, fue trasladado al St. Francis Xavier's College, donde tendría como mentor al Hermano Edward, profesor y entrenador del equipo de boxeo del colegio. Después de que Lee se viera involucrado en varias peleas callejeras, sus padres decidieron que debía ser entrenado en las artes marciales. El amigo de Lee, William Cheung, le presentó a Ip Man, pero no le permitieron aprender Wing Chun Kung Fu con él debido a la antigua norma del mundo de las artes marciales chinas de no enseñar a extranjeros. Su cuarta parte de origen alemán por parte de su madre sería un obstáculo inicial para su entrenamiento de Wing Chun; sin embargo, Cheung hablaría en su favor y Lee fue aceptado en la escuela. Lee comenzó a entrenar Wing Chun con Yip Man. Yip trató de evitar que sus alumnos lucharan en las bandas callejeras de Hong Kong, animándoles a luchar en competiciones organizadas. Al cabo de un año de entrenamiento de Wing Chun, la mayoría de los otros alumnos de Yip Man se negaron a entrenar con Lee cuando se enteraron de su ascendencia mixta, ya que los chinos estaban generalmente en contra de enseñar sus técnicas de artes marciales a los no asiáticos. El compañero de sparring de Lee, Hawkins Cheung, afirma: "Probablemente menos de seis personas en todo el clan del Wing Chun fueron enseñadas personalmente, o incluso parcialmente, por Yip Man". Sin embargo, Lee mostró un gran interés por el Wing Chun y siguió entrenando en privado con Yip Man, William Cheung y Wong Shun-leung.

En 1958, Bruce ganó el torneo de boxeo de las escuelas de Hong Kong, eliminando en la final al anterior campeón, Gary Elms. Ese año, Lee también fue bailarín de cha-cha, ganando el Campeonato de Cha-Cha de la Colonia de la Corona de Hong Kong.

1959-1964: Estudios continuos y avance en las artes marciales

Hasta el final de su adolescencia, las peleas callejeras de Lee se hicieron más frecuentes e incluyeron una paliza al hijo de una temida familia de la tríada. En 1958, después de que los alumnos de una escuela rival de artes marciales Choy Li Fut desafiaran a la escuela de Wing Chun de Lee, éste se enzarzó en una pelea en una azotea. En respuesta a un puñetazo injusto de otro chico, Bruce le golpeó tanto que le arrancó un diente, lo que provocó una denuncia de los padres del chico a la policía. La madre de Lee tuvo que ir a una comisaría y firmar un documento en el que decía que se haría totalmente responsable de los actos de Bruce si lo dejaban en libertad bajo su custodia. Aunque no mencionó el incidente a su marido, sugirió que Bruce, siendo ciudadano estadounidense, regresara a Estados Unidos. El padre de Lee estuvo de acuerdo, ya que las perspectivas universitarias de Lee si se quedaba en Hong Kong no eran muy prometedoras.

Llegó el detective de la policía y le dijo: "Disculpe, señor Lee, su hijo se está peleando mucho en la escuela. Si se mete en una sola pelea más podría tener que meterlo en la cárcel".

En abril de 1959, los padres de Lee decidieron enviarlo a Estados Unidos para que se quedara con su hermana mayor, Agnes Lee (李秋鳳), que ya vivía con amigos de la familia en San Francisco. Tras varios meses, se trasladó a Seattle en 1959 para continuar sus estudios de secundaria, donde también trabajó para Ruby Chow como camarero interno en su restaurante. El marido de Chow era compañero de trabajo y amigo del padre de Lee. El hermano mayor de Lee, Peter Lee (李忠琛), también se reuniría con él en Seattle durante una breve estancia antes de trasladarse a Minnesota para asistir a la universidad. Ese año Lee también comenzó a enseñar artes marciales. Llamó a lo que enseñaba Jun Fan Gung Fu (literalmente Kung Fu de Bruce Lee). Era básicamente su enfoque del Wing Chun. Lee enseñó a amigos que conoció en Seattle, empezando por el practicante de judo Jesse Glover, que continuó enseñando algunas de las primeras técnicas de Lee. Taky Kimura se convirtió en el primer instructor asistente de Lee y continuó enseñando su arte y filosofía después de la muerte de Lee. Lee abrió su primera escuela de artes marciales, llamada Instituto Lee Jun Fan Gung Fu, en Seattle.

Lee completó su educación secundaria y recibió su diploma en la Edison Technical School de Capitol Hill, en Seattle.

En marzo de 1961, Lee se matriculó en la Universidad de Washington y estudió arte dramático, filosofía, psicología y otras materias. A pesar de lo que el propio Lee y muchos otros han declarado, la especialidad oficial de Lee era arte dramático y no filosofía, según un artículo de 1999 en la publicación de ex alumnos de la universidad.

Lee dejó la universidad a principios de 1964 y se trasladó a Oakland para vivir con James Yimm Lee. James Lee era veinte años mayor que Bruce Lee y un conocido artista marcial chino de la zona. Juntos fundaron el segundo estudio de artes marciales Jun Fan en Oakland. James Lee también fue el responsable de presentar a Bruce Lee a Ed Parker, un artista marcial estadounidense. Por invitación de Parker, Lee apareció en los Campeonatos Internacionales de Karate de Long Beach de 1964 y realizó repeticiones de flexiones con dos dedos (utilizando el pulgar y el índice de una mano) con los pies separados aproximadamente a la altura de los hombros. En el mismo evento de Long Beach también realizó el "golpe de una pulgada". Lee se puso de pie, con el pie derecho adelantado y las rodillas ligeramente flexionadas, frente a un compañero de pie e inmóvil. El brazo derecho de Lee estaba parcialmente extendido y su puño derecho aproximadamente a una pulgada (2,5 cm) del pecho del compañero. Sin retraer el brazo derecho, Lee propinó entonces el puñetazo a la fuerza al voluntario Bob Baker mientras mantenía en gran medida su postura, enviando a Baker hacia atrás y cayendo en una silla que se decía estaba colocada detrás de Baker para evitar lesiones, aunque el impulso de Baker pronto le hizo caer al suelo. Baker recordó: "Le dije a Bruce que no volviera a hacer este tipo de demostración. Cuando me dio el último puñetazo, tuve que quedarme en casa sin trabajar porque el dolor en el pecho era insoportable". Fue en los campeonatos de 1964 cuando Lee conoció al maestro de taekwondo Jhoon Goo Rhee.

Los dos desarrollaron una amistad, una relación de la que se beneficiaron como artistas marciales. Rhee enseñó a Lee la patada lateral en detalle, y Lee le enseñó a Rhee el golpe "no telegráfico".

En el barrio chino de Oakland, en 1964, Lee tuvo un controvertido combate privado con Wong Jack-man, un alumno directo de Ma Kin Fung, conocido por su maestría en Xingyiquan, Shaolin del Norte y T'ai chi ch'uan. Según Lee, la comunidad china le dio un ultimátum para que dejara de enseñar a los no chinos. Cuando se negó a cumplirlo, le retaron a un combate con Wong. El acuerdo era que si Lee perdía, tendría que cerrar su escuela, mientras que si ganaba, sería libre de enseñar a los blancos o a cualquier otra persona. Wong lo negó, afirmando que pidió luchar contra Lee después de que éste se jactara durante una de sus manifestaciones en un teatro de Chinatown de que podía vencer a cualquiera en San Francisco, y que el propio Wong no discriminaba a los blancos ni a otras personas no chinas.

Lee comentó: "Ese papel tenía todos los nombres de los sifu de Chinatown, pero no me asustan". Entre las personas que se sabe que presenciaron el combate se encuentran Cadwell, James Lee (socio de Bruce Lee, sin parentesco) y William Chen, un profesor de T'ai chi ch'uan. Wong y William Chen declararon que el combate duró unos 20-25 minutos inusualmente largos.

Wong afirma que, aunque en un principio esperaba un combate serio pero educado, Lee le atacó agresivamente con intención de matar. Cuando Wong le dio el tradicional apretón de manos, Lee pareció aceptar el saludo, pero en lugar de ello, Lee supuestamente le clavó la mano como una lanza dirigida a los ojos de Wong. Obligado a defender su vida, Wong afirmó, no obstante, que se abstuvo de golpear a Lee con la fuerza de la muerte cuando se le presentó la oportunidad porque podría haberle valido una pena de prisión, pero utilizó puños ilegales bajo las mangas.

Según el libro de Michael Dorgan de 1980 *Bruce Lee's Toughest Fight*, la pelea terminó debido a la condición "inusualmente agotada" de Lee, en lugar de un golpe decisivo por parte de cualquiera de los luchadores. Sin embargo, según Bruce Lee, Linda Lee Cadwell y James Yimm Lee, el combate duró apenas tres minutos con una victoria decisiva para Lee. Según el relato de Cadwell, "La pelea se produjo, fue un combate sin cuartel, duró tres minutos. Bruce tiró a este tipo al suelo y le dijo '¿Te rindes?' y el hombre dijo que se rendía". Un par de semanas después del combate, Lee concedió una entrevista en la que afirmaba que había derrotado a un rival no identificado, lo que, según Wong, era una referencia obvia a él. En respuesta, Wong publicó su propio relato de la pelea en el Chinese *Pacific Weekly*, un periódico en lengua china de San Francisco, con una invitación a una revancha pública si Lee no estaba satisfecho con el relato. Lee no respondió a la invitación a pesar de su reputación de responder violentamente a cualquier provocación, y no hubo más anuncios públicos por parte de ninguno de los dos, aunque Lee siguió dando clases a los blancos.

Lee había abandonado los pensamientos de una carrera cinematográfica en favor de dedicarse a las artes marciales. Sin embargo, una exhibición de artes marciales en Long Beach en 1964 le valió la invitación del productor de televisión William Dozier para una audición para un papel en el piloto de "Number One Son" sobre Lee Chan, el hijo de Charlie Chan. La serie nunca se materializó, pero Dozier vio potencial en Lee.

1966-1970: Papeles americanos y creación del Jeet Kune Do

De 1966 a 1967, Lee interpretó el papel de Kato junto al personaje principal interpretado por Van Williams en la serie de televisión producida y narrada por William Dozier titulada *The Green Hornet*, basada en el programa de radio del mismo nombre. La serie sólo duró una temporada (26 episodios), de septiembre de 1966 a marzo de 1967. Lee y Williams también aparecieron como sus personajes en tres episodios cruzados de *Batman*, otra serie de televisión producida por William Dozier.

The Green Hornet presentó al Bruce Lee adulto al público estadounidense, y se convirtió en el primer programa popular estadounidense que presentaba artes marciales de estilo asiático. El director de la serie quería que Lee luchara al típico estilo americano con puños y golpes. Como artista marcial profesional, Lee se negó, insistiendo en que debía luchar en el estilo de su especialidad. Al principio, Lee se movía tan rápido que sus movimientos no podían captarse en la película, por lo que tuvo que ralentizarlos. Tras la cancelación del programa en 1967, Lee escribió a Dozier dándole las gracias por haber iniciado "mi carrera en el mundo del espectáculo".

En 1967, Lee interpretó un papel en un episodio de *Ironside*.

El Jeet Kune Do se originó en 1967. Tras rodar una temporada de *The Green Hornet*, Lee se quedó sin trabajo y abrió el Instituto Jun Fan Gung Fu. El controvertido combate con Wong Jack-man influyó en la filosofía de Lee sobre las artes marciales. Lee llegó a la conclusión de que el combate había durado demasiado y que no había conseguido estar a la altura de su potencial con sus técnicas de Wing Chun. Consideraba que las técnicas tradicionales de artes marciales eran demasiado rígidas y formalizadas para ser prácticas en escenarios de lucha callejera caótica. Lee decidió desarrollar un sistema que hiciera hincapié en "la practicidad, la flexibilidad, la velocidad y la eficacia". Empezó a utilizar diferentes métodos de entrenamiento, como el entrenamiento con pesas para la fuerza, la carrera para la resistencia, los estiramientos para la flexibilidad y muchos otros que adaptaba constantemente, como la esgrima y las técnicas básicas de boxeo.

Lee hizo hincapié en lo que denominó "el estilo del no estilo". Esto consistía en deshacerse del enfoque formalizado que, según Lee, era indicativo de los estilos tradicionales. Lee sentía que incluso el sistema que ahora llamaba Jun Fan Gung Fu era demasiado restrictivo, y finalmente evolucionó hacia una filosofía y un arte marcial que llegaría a llamar *Jeet Kune Do* o el *Camino del Puño Interceptor.* Es un término del que se arrepentiría más tarde, porque Jeet Kune Do implicaba parámetros específicos que los estilos connotan, mientras que la idea de su arte marcial era existir fuera de parámetros y limitaciones.

Por aquel entonces, dos de los alumnos de artes marciales de Lee eran el guionista de Hollywood Stirling Silliphant y el actor James Coburn. En 1969, los tres trabajaron en un guión para una película llamada *The Silent Flute (La flauta silenciosa),* y fueron juntos a buscar localizaciones a la India. El proyecto no se realizó en su momento, pero la película de 1978 El *círculo de hierro*, protagonizada por David Carradine, se basó en el mismo argumento. En 2010, se informó de que el productor Paul Maslansky había planeado y recibido financiación para una película basada en el guión original de *La flauta silenciosa*. En 1969, Lee hizo una breve aparición en la película *Marlowe*, escrita por Silliphant, en la que interpretaba a un matón contratado para intimidar al detective privado Philip Marlowe, (interpretado por James Garner), que utiliza sus habilidades en las artes marciales para cometer actos de vandalismo para intimidar a Marlowe. Ese mismo año, fue acreditado como asesor de karate en *The Wrecking Crew*, la cuarta entrega de la comedia de espionaje de Matt Helm, protagonizada por Dean Martin. También ese año, Lee actuó en un episodio de *Here Come the Brides* y *Blondie*.

En 1970, se encargó de la coreografía de lucha de *Un paseo bajo la lluvia de primavera*, protagonizada por Ingrid Bergman y Anthony Quinn, también escrita por Silliphant.

1971-1973: el cine de Hong Kong y la irrupción de Hollywood

En 1971, Lee apareció en cuatro episodios de la serie de televisión *Longstreet*, escrita por Silliphant. Lee interpretó a Li Tsung, el instructor de artes marciales del personaje principal, Mike Longstreet (interpretado por James Franciscus), y en el guión se incluyeron aspectos importantes de su filosofía de las artes marciales. Según declaraciones de Lee, y también de Linda Lee Cadwell tras la muerte de Lee, en 1971 Lee propuso una serie de televisión propia titulada provisionalmente *The Warrior*, cuyas conversaciones también fueron confirmadas por Warner Bros. Durante una entrevista televisiva del 9 de diciembre de 1971 en *el programa The Pierre Berton Show*, Lee declaró que tanto Paramount como Warner Brothers querían que él "estuviera en un tipo de cosa modernizada, y que ellos pensaban que la idea del Oeste estaba descartada, mientras que yo quería hacer el Oeste". Sin embargo, según Cadwell, el concepto de Lee fue retocado y rebautizado como *Kung Fu*, pero Warner Bros. no dio crédito a Lee. Warner Brothers afirma que llevaba tiempo desarrollando un concepto idéntico, creado por dos guionistas y productores, Ed Spielman y Howard Friedlander, en 1969, como también afirma el biógrafo de Lee, Matthew E. Polly. Según estas fuentes, la razón por la que no se contrató a Lee fue porque tenía un acento muy marcado, pero Fred Weintraub lo atribuye a su origen étnico. El papel del monje Shaolin en el Salvaje Oeste fue finalmente adjudicado al entonces no artista marcial David Carradine.

En la entrevista de *The Pierre Berton Show*, Lee declaró que entendía la actitud de Warner Brothers respecto al reparto de la serie: "Piensan que, desde el punto de vista comercial, es un riesgo. No les culpo. Si la situación fuera al revés, y una estrella estadounidense viniera a Hong Kong, y yo fuera el hombre con el dinero, tendría mis propias preocupaciones en cuanto a la aceptación".

El productor Fred Weintraub había aconsejado a Lee que volviera a Hong Kong y realizara un largometraje que pudiera mostrar a los ejecutivos de Hollywood. No contento con sus papeles secundarios en EE.UU., Lee regresó a Hong Kong. Sin saber que *The Green Hornet se había* representado con éxito en Hong Kong y que se le llamaba extraoficialmente "The Kato Show", se sorprendió al ser reconocido como la estrella de la función. Tras negociar tanto con el estudio Shaw Brothers como con Golden Harvest, Lee firmó un contrato cinematográfico para protagonizar dos películas producidas por Golden Harvest.

Lee interpretó su primer papel protagonista en *El gran jefe* (1971), que resultó ser un enorme éxito de taquilla en toda Asia y le catapultó al estrellato. Poco después, protagonizó *Fist of Fury (1972), que batió* los récords de taquilla establecidos anteriormente por The Big *Boss.* Tras finalizar su contrato inicial de dos años, Lee negoció un nuevo acuerdo con Golden Harvest. Más tarde, Lee formó su propia compañía, Concord Production Inc. con Chow. Para su tercera película, *Way of the Dragon* (1972), se le dio el control total de la producción de la película como guionista, director, protagonista y coreógrafo de las escenas de lucha. En 1964, en una demostración en Long Beach, California, Lee conoció al campeón de karate Chuck Norris. En *Way of the Dragon,* Lee presentó a Norris a los espectadores como su oponente, y su enfrentamiento ha sido caracterizado como "una de las mejores escenas de lucha en la historia de las artes marciales y del cine". El papel se había ofrecido originalmente al campeón de karate estadounidense Joe Lewis. *Fist of Fury* y *Way of the Dragon* recaudaron unos 100 y 130 millones de dólares en todo el mundo, respectivamente.

Entre agosto y octubre de 1972, Lee comenzó a trabajar en su cuarta película de la Cosecha Dorada, *Game of Death*. Comenzó a filmar algunas escenas, incluida su secuencia de lucha con la estrella del baloncesto estadounidense de 218 cm Kareem Abdul-Jabbar, un antiguo alumno. La producción se detuvo en noviembre de 1972 cuando Warner Brothers ofreció a Lee la oportunidad de protagonizar *Enter the Dragon*, la primera película producida conjuntamente por Concord, Golden Harvest y Warner Bros. El rodaje comenzó en Hong Kong en febrero de 1973 y se completó en abril de 1973. Un mes después de comenzar el rodaje, otra productora, Starseas Motion Pictures, promocionó a Bruce Lee como actor principal en *El puño del unicornio*, aunque sólo había accedido a coreografiar las secuencias de lucha de la película como un favor a su viejo amigo Unicornio Chan. Lee planeó demandar a la productora, pero mantuvo su amistad con Chan. Sin embargo, sólo unos meses después de la finalización de Enter the *Dragon,* y seis días antes de su estreno el 26 de julio de 1973, Lee murió. Enter *the Dragon se* convertiría en una de las películas más taquilleras del año y consolidaría a Lee como una leyenda de las artes marciales. Se hizo con 850.000 dólares en 1973 (lo que equivale a 4 millones de dólares ajustados a la inflación de 2007). Se calcula que *Enter the Dragon* recaudó más de 400 millones de dólares en todo el mundo, lo que equivale a más de 2.000 millones de dólares ajustados a la inflación a partir de 2022. La película provocó una breve moda de las artes marciales, personificada en canciones como "Kung Fu Fighting" y en algunos programas de televisión.

Desde 1978 hasta la actualidad: Obra póstuma

Robert Clouse, el director de Enter *the Dragon*, junto con Golden Harvest, revivió la película inacabada de Lee, Game of *Death*. Lee había rodado más de 100 minutos de material, incluidas las tomas falsas, para Game of *Death* antes de que el rodaje se detuviera para permitirle trabajar en Enter *the Dragon*. Además de Abdul-Jabbar, George Lazenby, el maestro de hapkido Ji Han-Jae y otro de los alumnos de Lee, Dan Inosanto, también iban a aparecer en la película, que iba a culminar con el personaje de Lee, Hai Tien (vestido con el ya famoso chándal amarillo), enfrentándose a una serie de diferentes retadores en cada planta mientras se abren paso por una pagoda de cinco niveles. En un movimiento controvertido, Robert Clouse terminó la película utilizando un doble y material de archivo de Lee de sus otras películas con un nuevo argumento y reparto, que se estrenó en 1978. Sin embargo, la película improvisada sólo contenía quince minutos de metraje real de Lee (había impreso muchas tomas sin éxito), mientras que el resto contaba con un doble de Lee, Kim Tai Chung, y Yuen Biao como doble de acción. El material no utilizado que Lee había filmado se recuperó 22 años después y se incluyó en el documental *Bruce Lee: A Warrior's Journey*.

Aparte de *Game of Death*, se planificaron otros proyectos cinematográficos con Lee en esa época. En 1972, tras el éxito de *El gran jefe* y *El puño de la furia*, Raymond Chow planeó una tercera película en Golden Harvest para ser dirigida por Lo Wei, titulada *Yellow-Faced Tiger*. Sin embargo, en ese momento, Lee decidió dirigir y producir su propio guión para *Way of the Dragon*. Aunque Lee había formado una productora con Raymond Chow, también se planeó una película de época entre septiembre y noviembre de 1973 con el estudio competidor Shaw Brothers, que sería dirigida por Chor Yuen o Cheng Kang, y escrita por Yi Kang y Chang Cheh, titulada *The Seven Sons of the Jade Dragon*.

En 2015, Perfect Storm Entertainment y la hija de Bruce Lee, Shannon Lee, anunciaron la producción de la serie *The Warrior*, que se emitiría en Cinemax, y el cineasta Justin Lin fue elegido para dirigir la serie. La producción comenzó el 22 de octubre de 2017 en Ciudad del Cabo (Sudáfrica). La primera temporada contendrá 10 episodios. En abril de 2019, Cinemax renovó la serie para una segunda temporada.

El 25 de marzo de 2021 se anunció que el productor Jason Kothari ha adquirido los derechos de *El silencio de la flauta* "para convertirse en una miniserie, que contará con John Fusco como guionista y productor ejecutivo".

Obras no producidas

Lee también había trabajado en varios guiones. Existe una cinta que contiene una grabación de Lee narrando el argumento básico de una película titulada provisionalmente *Southern Fist/Northern Leg (Puño del Sur/Pierna del Norte)*, que muestra algunas similitudes con el guión enlatado de *The Silent Flute (Círculo de Hierro)*. Otro guión tenía el título de *Green Bamboo Warrior*, ambientado en San Francisco, planeado para ser coprotagonizado por Bolo Yeung y producido por Andrew Vajna. También se organizaron pruebas de vestuario para algunos de estos proyectos cinematográficos previstos.

Artes marciales y fitness

La primera introducción de Lee a las artes marciales fue a través de su padre, de quien aprendió los fundamentos del t'ai chi ch'uan de estilo Wu. En su adolescencia, Lee se involucró en los conflictos de las bandas de Hong Kong, lo que le llevó a frecuentes peleas callejeras. La mayor influencia en el desarrollo de las artes marciales de Lee fue su estudio del Wing Chun. Lee tenía 16 años y estudiaba con el maestro de Wing Chun Yip Man, entre finales de 1956 y 1957, después de perder contra miembros de bandas rivales. Las clases regulares de Yip consistían generalmente en la práctica de formas, ejercicios de *chi sao* (manos pegadas), técnicas de muñecos de madera y combate libre. Las clases no seguían un patrón fijo.

Lee también fue entrenado en boxeo, entre 1956 y 1958, por el Hermano Edward, entrenador del equipo de boxeo del St. Francis Xavier's College. Lee llegó a ganar el torneo de boxeo de las escuelas de Hong Kong en 1958, marcando derribos contra el anterior campeón, Gary Elms, en la final. Tras trasladarse a Estados Unidos, Lee recibió una gran influencia del campeón de peso pesado Muhammad Ali, cuyo juego de pies estudió e incorporó a su propio estilo en la década de 1960.

Otra gran influencia para Lee fue la cultura de lucha
callejera de Hong Kong en forma de peleas en los
tejados. A mediados del siglo XX, el aumento de la
delincuencia en Hong Kong, combinado con la escasa
mano de obra de la Policía de Hong Kong, hizo que
muchos jóvenes hongkoneses aprendieran artes
marciales para defenderse. Alrededor de la década de
1960, había unas 400 escuelas de artes marciales en
Hong Kong, que enseñaban sus propios estilos
distintivos de artes marciales. En la cultura de las
peleas callejeras de Hong Kong, surgió una escena de
peleas en los tejados en las décadas de 1950 y 1960,
en la que las bandas de las escuelas de artes
marciales rivales se desafiaban a peleas a puño limpio
en los tejados de Hong Kong, para evitar la represión
de las autoridades coloniales británicas de Hong Kong.
Lee participó con frecuencia en estas peleas en tejados
de Hong Kong y combinó diferentes técnicas de
distintas escuelas de artes marciales en su propio estilo
híbrido de artes marciales.

Con 172 cm (5 pies 8 pulgadas) y un peso de 64 kg (141 libras) en aquella época, Lee era famoso por su forma física y su vigor, conseguido gracias a un régimen de entrenamiento dedicado a ser lo más fuerte posible. Después de su combate con Wong Jack-man en 1965, Lee cambió su enfoque hacia el entrenamiento de las artes marciales. Lee consideraba que muchos artistas marciales de su época no dedicaban suficiente tiempo al acondicionamiento físico. Lee incluyó todos los elementos de la condición física total: fuerza muscular, resistencia muscular, resistencia cardiovascular y flexibilidad. Utilizaba las técnicas tradicionales de culturismo para construir algo de masa muscular, aunque sin excederse, ya que eso podría disminuir la velocidad o la flexibilidad. Al mismo tiempo, con respecto al equilibrio, Lee mantenía que la preparación mental y espiritual es fundamental para el éxito del entrenamiento físico en las habilidades de las artes marciales. En *Tao of Jeet Kune Do* escribió

El entrenamiento es una de las fases más descuidadas del atletismo. Se dedica demasiado tiempo al desarrollo de la habilidad y muy poco al desarrollo del individuo para la participación. ... El JKD, en última instancia, no es una cuestión de técnicas insignificantes, sino de espiritualidad y físico altamente desarrollados.

Lee era partidario de entrenar con diferentes estilos de lucha, y tenía un interés especial en la lucha libre. Tras entablar amistad con el campeón nacional de judo Gene LeBell en el plató de *The Green Hornet*, Lee se ofreció a enseñarle artes de golpeo a cambio de que le enseñara técnicas de agarre. LeBell también había sido instruido en la lucha de captura por los temidos luchadores Lou Thesz y Ed Lewis, y en el *Tao of Jeet Kune Do* de Lee se pueden ver técnicas notables tanto de judo como de lucha de captura.

Lee también entrenó con otros judokas en Seattle y California, y expresó a LeBell su deseo de integrar el judo en su estilo de lucha. Aunque Lee opinaba que el grappling era poco útil en las coreografías de acción porque no era visualmente distintivo, mostró movimientos de grappling en sus propias películas, como en *Camino del Dragón*, donde su personaje acaba con su oponente Chuck Norris con un agarre al cuello inspirado por LeBell, y en *Enter the Dragon*, cuyo prólogo muestra a Lee sometiendo a su oponente Sammo Hung con una armbar.

Lee también utilizaba habitualmente la patada oblicua, que se popularizó mucho más tarde en las artes marciales mixtas. Se llama *jeet tek* ("patada de parada" o "patada de intercepción") en el Jeet Kune Do.

Según Linda Lee Cadwell, poco después de trasladarse a Estados Unidos, Lee empezó a tomarse en serio la nutrición y se interesó por los alimentos saludables, las bebidas con alto contenido en proteínas y los suplementos vitamínicos y minerales. Más tarde llegó a la conclusión de que conseguir un cuerpo de alto rendimiento era como mantener el motor de un automóvil de alto rendimiento. Alegóricamente, al igual que uno no podría mantener un coche funcionando con combustibles de bajo octanaje, uno no podría mantener su cuerpo con una dieta constante de comida basura, y con el "combustible equivocado", su cuerpo funcionaría de forma lenta o descuidada. Lee también evitaba los productos de panadería y la harina refinada, describiéndolos como un aporte de calorías vacías que no hacían nada por su cuerpo. Era conocido por ser un fan de la cocina asiática por su variedad, y a menudo comía comidas con una combinación de verduras, arroz y pescado. A Lee no le gustaban los productos lácteos, por lo que utilizaba leche en polvo en su dieta. Lee también estaba influenciado por la rutina de entrenamiento de El Gran Gama (Ghulam Mohammad Baksh Butt), un luchador pehlwani indio/paquistaní conocido por su fuerza de agarre; Lee incorporó los ejercicios de Gama a su propia rutina de entrenamiento.

Lee hizo una demostración de sus artes marciales Jeet Kune Do en los Campeonatos Internacionales de Kárate de Long Beach en 1964 y 1968, y en este último caso se dispone de una grabación de mayor calidad. Se puede ver a Lee demostrando golpes rápidos a los ojos antes de que su oponente pueda bloquear, y demostrando el golpe de una pulgada a varios voluntarios. También demuestra ejercicios de *chi sao* con los ojos vendados contra un oponente, buscando los puntos débiles de su oponente mientras marca con puñetazos y derribos. A continuación, Lee participa en un combate de contacto total contra un oponente, en el que ambos llevan un casco de cuero. Se puede ver a Lee poniendo en práctica su concepto de movimiento económico del Jeet Kune Do, utilizando un juego de pies inspirado en Muhammad Ali para mantenerse fuera del alcance mientras contraataca con puños traseros y golpes rectos. También detiene los ataques de su oponente con patadas laterales de parada, y ejecuta rápidamente varios barridos y patadas a la cabeza. El oponente intenta atacar repetidamente a Lee, pero nunca es capaz de conectar con un golpe limpio; una vez consigue acercarse con una patada giratoria, pero Lee la contrarresta. Las imágenes de la pelea fueron reseñadas por la revista *Black Belt* en 1995, concluyendo que "la acción es tan rápida y furiosa como cualquier otra de las películas de Lee".

Fue en los campeonatos de 1964 cuando Lee conoció al maestro de taekwondo Jhoon Goo Rhee. Mientras Rhee enseñaba a Lee la patada lateral en detalle, Lee le enseñó a Rhee el puñetazo "no telegráfico". Rhee aprendió de Lee lo que él llama el "accupunch" y lo incorporó al taekwondo americano.

El "accupunch" es un puñetazo rápido y muy difícil de bloquear, basado en el tiempo de reacción humano: "la idea es terminar la ejecución del puñetazo antes de que el oponente pueda completar la comunicación cerebro-muñeca". Cuando Lee regresó a Hong Kong a principios de la década de 1970, su reputación como "el puño más rápido del este" hizo que los lugareños le desafiaran a peleas callejeras; a veces aceptaba estos desafíos y se involucraba en peleas callejeras, lo que provocó algunas críticas de la prensa que le retrataban como violento en aquella época.

Artistry

Filosofía

Aunque es más conocido como artista marcial, Lee también estudió arte dramático y filosofía asiática y occidental desde que era estudiante en la Universidad de Washington. Era muy leído y tenía una extensa biblioteca en la que predominaban los temas de artes marciales y los textos filosóficos. Sus propios libros sobre artes marciales y filosofía de la lucha son conocidos por sus afirmaciones filosóficas, tanto dentro como fuera de los círculos de las artes marciales. Su filosofía ecléctica a menudo reflejaba sus creencias sobre la lucha, aunque se apresuraba a afirmar que sus artes marciales eran únicamente una metáfora de dichas enseñanzas. Creía que cualquier conocimiento conducía en última instancia al autoconocimiento, y decía que su método elegido de autoexpresión eran las artes marciales. Entre sus influencias se encuentran el taoísmo, Jiddu Krishnamurti y el budismo. La filosofía de Lee era muy opuesta a la visión conservadora del mundo defendida por el confucianismo. John Little afirma que Lee era ateo. Cuando se le preguntó en 1972 por su afiliación religiosa, respondió: "ninguna en absoluto", y cuando se le preguntó si creía en Dios, dijo: "Para ser totalmente franco, realmente no lo creo".

Poesía

Aparte de las artes marciales y la filosofía, que se centran en el aspecto físico y la autoconciencia en busca de verdades y principios, Lee también escribió poesía que reflejaba su emoción y una etapa de su vida en conjunto. Muchas formas de arte permanecen en concordancia con el artista que las crea. El principio de autoexpresión de Lee se aplicó también a su poesía. Su hija Shannon Lee dijo: "Él escribía poesía; era realmente el artista consumado". Sus obras poéticas fueron originalmente escritas a mano en papel, y posteriormente editadas y publicadas, siendo John Little el principal autor (editor), de las obras de Bruce Lee. Linda Lee Cadwell (esposa de Bruce Lee) compartió las notas, los poemas y las experiencias de su marido con sus seguidores. Mencionó que "los poemas de Lee son, para los estándares americanos, bastante oscuros, ya que reflejan los recovecos más profundos y menos expuestos de la psique humana".

La mayoría de los poemas de Bruce Lee se clasifican como antipoesía o caen en la paradoja. El estado de ánimo en sus poemas muestra el lado del hombre que puede compararse con otros poetas como Robert Frost, uno de los muchos poetas conocidos que se expresan con obras poéticas oscuras. La paradoja tomada del símbolo del Yin y el Yang en las artes marciales también se integró en su poesía. Sus artes marciales y su filosofía contribuyen en gran medida a su poesía. La forma de verso libre de la poesía de Lee refleja su famosa cita "Sé informe... sin forma, como el agua".

Vida personal

Nombres

El nombre de nacimiento de Lee en cantonés era *Lee Jun-fan* (李振藩). El nombre significa homofónicamente "volver de nuevo", y se lo puso su madre, que creía que volvería a Estados Unidos cuando fuera mayor de edad. Debido a la naturaleza supersticiosa de su madre, originalmente le había llamado *Sai-fon* (細鳳), que es un nombre femenino que significa "pequeño fénix". Se cree que el nombre inglés "Bruce" se lo puso la doctora Mary Glover, médico del hospital.

Lee tenía otros tres nombres chinos: Lee Yuen-cham (李源鑫), un nombre de familia/clan; Lee Yuen-kam (李元鑒), que utilizó como nombre de estudiante mientras asistía a La Salle College, y su nombre de pantalla chino Lee Siu-lung (李小龍; *Siu-lung* significa "pequeño dragón"). El nombre de Lee, Jun-fan, se escribió originalmente en chino como 震藩; sin embargo, el carácter chino *Jun* (震) era idéntico a parte del nombre de su abuelo, Lee Jun-biu (李震彪). Por ello, el carácter chino de *Jun* en el nombre de Lee se cambió por el homónimo 振 en su lugar, para evitar el tabú del nombre en la tradición china.

Familia

El padre de Lee, Lee Hoi-chuen, era uno de los principales actores de ópera y cine cantonés de la época y se embarcaba en una gira de ópera de un año con su familia en vísperas de la invasión japonesa de Hong Kong. Lee Hoi-chuen llevaba muchos años de gira por Estados Unidos y actuando en numerosas comunidades chinas de ese país.

Aunque muchos de sus compañeros decidieron quedarse en Estados Unidos, Lee Hoi-chuen regresó a Hong Kong tras el nacimiento de Bruce. A los pocos meses, Hong Kong fue invadido y los Lee vivieron durante tres años y ocho meses bajo la ocupación japonesa. Una vez terminada la guerra, Lee Hoi-chuen retomó su carrera de actor y se convirtió en un actor más popular durante los años de reconstrucción de Hong Kong.

La madre de Lee, Grace Ho, pertenecía a uno de los clanes más ricos y poderosos de Hong Kong, los Ho-tung. Era sobrina de Sir Robert Ho-tung, el patriarca euroasiático del clan. Como tal, el joven Bruce Lee creció en un entorno acomodado y privilegiado. A pesar de la ventaja que suponía el estatus de su familia, el barrio en el que creció Lee se convirtió en un lugar superpoblado, peligroso y lleno de rivalidades entre bandas debido a la afluencia de refugiados que huían de la China comunista hacia Hong Kong, en aquel momento una colonia de la Corona británica.

Grace Ho es hija adoptiva o biológica de Ho Kom-tong (Ho Gumtong, 何甘棠) y sobrina de Sir Robert Ho-tung, ambos notables empresarios y filántropos de Hong Kong. Bruce era el cuarto de cinco hijos: Phoebe Lee (李秋源), Agnes Lee (李秋鳳), Peter Lee y Robert Lee.

El parentesco de Grace sigue sin estar claro. Linda Lee, en su biografía de 1989 *The Bruce Lee Story*, sugiere que Grace tenía un padre alemán y era católica. Bruce Thomas, en su influyente biografía de 1994 *Bruce Lee: Fighting Spirit*, sugiere que Grace tenía una madre china y un padre alemán. El pariente de Lee, Eric Peter Ho, en su libro de 2010 *Tracing My Children's Lineage (Rastreando el linaje de mis hijos), sugiere que Grace* nació en Shanghai de una mujer euroasiática llamada Cheung King-sin. Eric Peter Ho dijo que Grace Lee era hija de una mujer mestiza de Shanghái y que su padre era Ho Kom Tong. Grace Lee dijo que su madre era inglesa y su padre chino. Fredda Dudley Balling dijo que Grace Lee era tres cuartas partes china y una cuarta parte británica.

En la biografía de 2018 *Bruce Lee: A Life*, Matthew Polly identifica al abuelo materno de Lee como Ho Kom-tong, que a menudo había sido reportado como su abuelo adoptivo. El padre de Ho Kom-tong, Charles Maurice Bosman, era un empresario judío holandés de Rotterdam. Se trasladó a Hong Kong con la Compañía Holandesa de las Indias Orientales y fue cónsul holandés en Hong Kong. Tuvo una concubina china llamada Sze Tai con la que tuvo seis hijos, entre ellos Ho Kom Tong. Posteriormente, Bosman abandonó a su familia y emigró a California. Ho Kom Tong se convirtió en un rico hombre de negocios con una esposa, trece concubinas y una amante británica que dio a luz a Grace Ho.

Su hermano menor, Robert Lee Jun-fai, es un notable músico y cantante; su grupo The Thunderbirds fue famoso en Hong Kong. Algunos singles fueron cantados en su mayoría o en su totalidad en inglés. También se publicó un dúo de Lee con Irene Ryder. Lee Jun-fai vivió con Lee en Los Ángeles, en Estados Unidos, y se quedó. Tras la muerte de Lee, Lee Jun-fai publicó un álbum y un sencillo del mismo nombre dedicados a Lee, llamados *The Ballad of Bruce Lee*. Mientras estudiaba en la Universidad de Washington, conoció a su futura esposa Linda Emery, una compañera de estudios para convertirse en profesora. Como las relaciones entre personas de diferentes razas aún estaban prohibidas en muchos estados de EE.UU., se casaron en secreto en agosto de 1964. Lee tuvo dos hijos con Linda: Brandon (1965-1993) y Shannon Lee (nacida en 1969). Tras el fallecimiento de Lee en 1973, continuó promoviendo el arte marcial Jeet Kune Do de Bruce Lee. Escribió el libro de 1975 *Bruce Lee: The Man Only I Knew*, en el que se basó la película de 1993 *Dragon: La historia de Bruce Lee, de 1993*. En 1989, escribió el libro *The Bruce Lee Story*. Se retiró en 2001 del patrimonio familiar.

Lee murió cuando su hijo Brandon tenía ocho años. En vida, Lee enseñó a Brandon artes marciales y le invitaba a visitar los platós. Esto hizo que Brandon sintiera el deseo de actuar y continuara estudiando el oficio. De joven, Brandon Lee tuvo cierto éxito actuando en películas de acción como *Legacy of Rage* (1986), *Showdown in Little Tokyo* (1991) y *Rapid Fire* (1992). En 1993, a la edad de 28 años, Brandon Lee murió tras recibir un disparo accidental con una pistola de atrezzo en el plató de *El cuervo*.

Lee murió cuando su hija Shannon tenía cuatro años. En su juventud estudió Jeet Kune Do con Richard Bustillo, uno de los alumnos de su padre; sin embargo, sus estudios serios no comenzaron hasta finales de la década de 1990. Para entrenarse para papeles en películas de acción, estudió Jeet Kune Do con Ted Wong.

Amigos, alumnos y contemporáneos

El hermano de Lee, Robert, y sus amigos Taky Kimura, Dan Inosanto, Steve McQueen, James Coburn y Peter Chin fueron sus portadores del féretro. Coburn era estudiante de artes marciales y amigo de Lee. Coburn trabajó con Lee y Stirling Silliphant en el desarrollo de *La flauta silenciosa*. Tras la temprana muerte de Lee, en su funeral Coburn pronunció un panegírico. Con respecto a McQueen, Lee no ocultó que quería todo lo que tenía McQueen y que no se detendría ante nada para conseguirlo. Inosanto y Kimura eran amigos y discípulos de Lee. Inosanto que llegaría a entrenar al hijo de Lee, Brandon. Kimura continuó enseñando el oficio de Lee en Seattle. Según la esposa de Lee, Chin era amigo de la familia de toda la vida y alumno de Lee.

James Yimm Lee (sin parentesco) fue uno de los tres instructores de 3er rango certificados personalmente por Lee y cofundó el Instituto Jun Fan Gung Fu en Oakland, donde enseñó Jun Fan Gung Fu en ausencia de Lee. James fue el responsable de presentar a Lee a Ed Parker, el organizador de los Campeonatos Internacionales de Karate de Long Beach, donde Lee fue presentado por primera vez a la comunidad de las artes marciales.

La pareja de Hollywood Roman Polanski y Sharon Tate estudió artes marciales con Lee. Polanski llevó a Lee a Suiza para que lo entrenara. Tate estudió con Lee para preparar su papel en *The Wrecking Crew*. Después de que Tate fuera asesinada por la Familia Manson, Polanski sospechó inicialmente de Lee.

El guionista Stirling Silliphant era estudiante de artes marciales y amigo de Lee. Silliphant trabajó con Lee y James Coburn en el desarrollo de *La flauta silenciosa*. Lee actuó y aportó su experiencia en artes marciales en varios proyectos escritos por Silliphant, el primero en *Marlowe* (1969), donde Lee interpreta a Winslow Wong, un rufián muy versado en artes marciales. Lee también realizó coreografías de lucha para la película *Un paseo bajo la lluvia de primavera (1970)*, e interpretó a Li Tsung, un instructor de Jeet Kune Do que enseña al personaje principal en la serie de televisión *Longstreet* (1971). En el guión de esta última se incluyeron elementos de su filosofía de las artes marciales.

El jugador de baloncesto Kareem Abdul-Jabbar estudió artes marciales y entabló amistad con Lee.

El actor y campeón de karate Chuck Norris era amigo y compañero de entrenamiento de Lee. Tras el fallecimiento de Lee, Norris dijo que se mantuvo en contacto con la familia de Lee.

El judoka y luchador profesional Gene LeBell se hizo amigo de Lee en el plató de *The Green Hornet*. Entrenaron juntos e intercambiaron sus conocimientos de artes marciales.

Muerte

El 10 de mayo de 1973, Lee sufrió un colapso durante una sesión de sustitución de diálogos para *Enter the Dragon* en el estudio cinematográfico Golden Harvest de Hong Kong. Como tenía convulsiones y dolores de cabeza, fue trasladado inmediatamente al Hospital Baptista de Hong Kong, donde los médicos le diagnosticaron un edema cerebral. Pudieron reducir la hinchazón mediante la administración de manitol. El dolor de cabeza y el edema cerebral que se produjeron en su primer colapso se repitieron posteriormente el día de su muerte.

El viernes 20 de julio de 1973, Lee se encontraba en Hong Kong para cenar con el actor George Lazenby, con quien pretendía hacer una película. Según Linda, la esposa de Lee, éste se reunió con el productor Raymond Chow a las 14:00 horas en su casa para hablar del rodaje de la película *Game of Death*. Trabajaron hasta las 4 de la tarde y luego se dirigieron juntos a la casa de la colega de Lee, Betty Ting Pei, una actriz taiwanesa. Los tres repasaron el guión en casa de Ting, y luego Chow se marchó para asistir a una cena.

Más tarde, Lee se quejó de un dolor de cabeza y Ting le dio el analgésico Equagesic, que contenía aspirina y el tranquilizante meprobamato. Alrededor de las 19:30 horas, fue a acostarse para dormir una siesta. Cuando Lee no acudió a cenar, Chow acudió al apartamento, pero no pudo despertar a Lee. Se llamó a un médico, que pasó diez minutos intentando reanimar a Lee antes de enviarlo en ambulancia al hospital Queen Elizabeth. Lee fue declarado muerto a su llegada, a la edad de 32 años.

No había ninguna lesión externa visible; sin embargo, según los informes de la autopsia, el cerebro de Lee se había hinchado considerablemente, de 1.400 a 1.575 gramos (un aumento del 13%). La autopsia encontró Equagesic en su sistema. El 15 de octubre de 2005, Chow declaró en una entrevista que Lee había muerto por una reacción alérgica al tranquilizante meprobamato, el principal ingrediente del Equagesic, que Chow describió como un ingrediente utilizado habitualmente en los analgésicos. Cuando los médicos anunciaron la muerte de Lee, se dictaminó oficialmente que se trataba de una "muerte por infortunio".

La esposa de Lee, Linda, regresó a su ciudad natal, Seattle, e hizo que el cuerpo de Lee fuera enterrado en el cementerio de Lake View, en Seattle. Los portadores del féretro en el funeral de Lee el 25 de julio de 1973 fueron Taky Kimura, Steve McQueen, James Coburn, Dan Inosanto, Peter Chin y el hermano de Lee, Robert. En torno a la muerte de Lee, aparecieron numerosos rumores en los medios de comunicación. La condición de icono de Lee y su prematura muerte alimentaron muchos rumores y teorías descabelladas.

Esto incluyó un asesinato que implicaba a las tríadas y una supuesta maldición sobre él y su familia, rumores que persisten hasta el día de hoy.

Donald Teare, un científico forense, recomendado por Scotland Yard, que había supervisado más de 1.000 autopsias, fue asignado al caso Lee. Su conclusión fue "muerte por desgracia" causada por un edema cerebral debido a una reacción a los compuestos presentes en el medicamento combinado Equagesic. Aunque en un principio se especuló con la posibilidad de que el cannabis encontrado en el estómago de Lee hubiera contribuido a su muerte, Teare dijo que "sería tanto 'irresponsable como irracional' decir que [el cannabis] podría haber desencadenado los acontecimientos del colapso de Bruce el 10 de mayo o su muerte el 20 de julio". El Dr. R. R. Lycette, patólogo clínico del hospital Queen Elizabeth, informó en la vista del juez de instrucción que la muerte no pudo ser causada por el cannabis.

En una biografía de 2018, el autor Matthew Polly consultó con expertos médicos y teorizó que el edema cerebral que mató a Lee había sido causado por un sobreesfuerzo y un golpe de calor; el golpe de calor no se tuvo en cuenta en ese momento porque entonces era una enfermedad poco conocida. Además, Lee se hizo extirpar las glándulas sudoríparas de las axilas a finales de 1972, en la aparente creencia de que el sudor de las axilas no era fotogénico en la película. Polly también teorizó que esto hizo que el cuerpo de Lee se sobrecalentara mientras practicaba a altas temperaturas el 10 de mayo y el 20 de julio de 1973, lo que provocó un golpe de calor que a su vez exacerbó el edema cerebral que le llevó a la muerte.

Legado e impacto cultural

Lee es considerado por comentaristas, críticos, medios de comunicación y otros artistas marciales como el artista marcial más influyente de todos los tiempos y un icono de la cultura pop del siglo XX, que tendió un puente entre Oriente y Occidente. *Time* nombró a Lee una de las 100 personas más importantes del siglo XX.

Se han escrito varios libros biográficos sobre Bruce Lee. Una biografía sobre Lee vendió más de 4 millones de ejemplares en 1988.

Películas de acción

Lee fue el principal responsable del lanzamiento de la "moda del kung fu" en la década de 1970. Inicialmente introdujo el kung fu en Occidente con programas de televisión estadounidenses como *The Green Hornet* y *Kung Fu*, antes de que la "locura del kung fu" comenzara con el dominio de las películas de artes marciales de Hong Kong en 1973. El éxito de Lee inspiró una oleada de películas de artes marciales y programas de televisión occidentales durante los años 70 y 90 (lanzando las carreras de estrellas de las artes marciales occidentales como Jean-Claude Van Damme, Steven Seagal y Chuck Norris), así como la integración más general de las artes marciales asiáticas en las películas de acción y los programas de televisión occidentales durante los años 80 y 90. *Enter the Dragon* ha sido citada como una de las películas de acción más influyentes de todos los tiempos. Sascha Matuszak, de *Vice,* dijo que "Enter *the Dragon"* es referenciada en todo tipo de medios, la línea argumental y los personajes siguen influyendo en los narradores de hoy en día, y el impacto se sintió particularmente en la forma revolucionaria en que la película retrató a los afroamericanos, los asiáticos y las artes marciales tradicionales". Kuan-Hsing Chen y Beng Huat Chua citaron las escenas de lucha de las películas de Lee, como *Enter the Dragon,* como influyentes por la forma en que presentaban "una historia elemental del bien contra el mal de una forma tan saturada de espectáculo".

Numerosos cineastas de acción de todo el mundo han citado a Bruce Lee como una influencia formativa en sus carreras, incluidos directores de películas de acción de Hong Kong como Jackie Chan y John Woo, y cineastas de Hollywood como Quentin Tarantino y Brett Ratner.

Artes marciales y deportes de combate

El Jeet Kune Do, una filosofía híbrida de artes marciales basada en diferentes disciplinas de combate que fue fundada por Lee, se considera a menudo como el precursor de las modernas artes marciales mixtas (MMA). El concepto de artes marciales mixtas fue popularizado en Occidente por Bruce Lee a través de su sistema de Jeet Kune Do. Lee creía que "el mejor luchador no es un boxeador, un karateca o un judoka. El mejor luchador es alguien que puede adaptarse a cualquier estilo, no tener forma, adoptar un estilo propio y no seguir el sistema de estilos". En 2004, el fundador de la Ultimate Fighting Championship (UFC), Dana White, calificó a Lee de "padre de las artes marciales mixtas" y declaró "Si te fijas en la forma de entrenar de Bruce Lee, en su forma de luchar y en muchas de las cosas que escribió, dijo que el estilo perfecto era no tener estilo. Se toma un poco de todo. Se toman las cosas buenas de cada disciplina, se utiliza lo que funciona y se desecha el resto". Lee fue el principal responsable de que muchas personas se iniciaran en las artes marciales. Entre ellos se encuentran numerosos luchadores de deportes de combate que se inspiraron en Lee; el campeón de boxeo Sugar Ray Leonard dijo que perfeccionó su jab viendo a Lee, el campeón de boxeo Manny Pacquiao comparó su estilo de lucha con el de Lee, y el campeón de la UFC Conor McGregor también se comparó con Lee y dijo que cree que Lee habría sido un campeón en la UFC si compitiera en la actualidad.

Lee inspiró la fundación de los torneos estadounidenses de kickboxing de contacto total de Joe Lewis y Benny Urquidez en la década de 1970. El pionero del taekwondo estadounidense, Jhoon Goo Rhee, aprendió de Lee lo que él llama el "accupunch", que incorporó al taekwondo estadounidense; Rhee entrenó más tarde al campeón de boxeo de peso pesado Muhammad Ali y le enseñó el "accupunch", que Ali utilizó para noquear a Richard Dunn en 1975. Según el campeón de boxeo de los pesos pesados, Mike Tyson, "todo el mundo quería ser Bruce Lee" en la década de 1970. El campeón de la UFC de la libra esterlina, Jon Jones, también citó a Lee como inspiración, ya que Jones es conocido por utilizar con frecuencia la patada oblicua a la rodilla, una técnica que fue popularizada por Lee. Los campeones de la UFC Uriah Hall y Anderson Silva también citaron a Lee como inspiración. Otros numerosos luchadores de la UFC han citado a Lee como su inspiración, y varios se refieren a él como un "padrino" o "abuelo" de las MMA.

Barreras y estereotipos raciales

A Lee se le atribuye el mérito de haber contribuido a cambiar la forma de presentar a los asiáticos en el cine estadounidense. Desafió los estereotipos asiáticos, como el estereotipo del hombre asiático emasculado. En contraste con los estereotipos anteriores, que presentaban a los hombres asiáticos como emasculados, infantiles, coolies o sirvientes domésticos, Lee demostró que los hombres asiáticos podían ser "duros, fuertes y sexys", según la profesora de la Universidad de Michigan Hye Seung Chung. A su vez, la popularidad de Lee inspiró un nuevo estereotipo asiático, el del artista marcial.

En América del Norte, sus películas se dirigían en gran medida al público negro, asiático e hispano. Dentro de las comunidades negras, la popularidad de Lee era la segunda después del boxeador de peso pesado Muhammad Ali en la década de 1970. Cuando Lee se abrió paso en la corriente principal, se convirtió en una rara estrella de cine no blanca en una industria de Hollywood dominada por actores blancos en aquella época. Según el rapero LL Cool J, las películas de Lee fueron la primera vez que muchos niños estadounidenses no blancos, como él, vieron a un héroe de acción no blanco en la gran pantalla en la década de 1970.

Cultura popular

Numerosas figuras del espectáculo y del deporte de todo el mundo han citado a Lee como una gran influencia en su trabajo, incluidos actores de artes marciales como Jackie Chan y Donnie Yen, el actor y culturista Arnold Schwarzenegger, actores-comediantes como Eddie Murphy y Eddie Griffin, actrices como Olivia Munn y Dianne Doan, músicos como Steve Aoki y Rohan Marley, raperos como LL Cool J y el líder de Wu-Tang Clan, RZA, grupos musicales como Gorillaz, cómicos como W. Kamau Bell y Margaret Cho, los jugadores de baloncesto Stephen Curry y Jamal Murray, los patinadores Tony Hawk y Christian Hosoi, y el jugador de fútbol americano Kyler Murray, entre otros.

Bruce Lee influyó en varios escritores de cómics, especialmente en el fundador de Marvel Comics, Stan Lee, que consideraba a Bruce Lee un superhéroe sin traje. Poco después de su muerte, Lee inspiró los personajes de Marvel Shang-Chi (que debutó en 1973) y Puño de Hierro (que debutó en 1974), así como la serie de cómics Las *manos mortales del Kung Fu* (que debutó en 1974). Según Stan Lee, cualquier personaje que sea un artista marcial desde entonces debe su origen a Bruce Lee de alguna forma.

Bruce Lee tuvo una influencia decisiva en el desarrollo del breakdance en la década de 1970. Los primeros pioneros del breakdance, como la Rock Steady Crew, se inspiraron en los movimientos de kung fu, tal y como los realizaba Lee, inspirando movimientos de baile como el molino de viento, entre otros movimientos de breakdance.

En la India, las películas de Lee influyeron en las películas masala de Bollywood. Tras el éxito de películas de Lee como *Enter the Dragon* en la India, *Deewaar* (1975) y las posteriores películas de Bollywood incorporaron escenas de lucha inspiradas en las películas de artes marciales de Hong Kong de los años 70 hasta la década de 1990. Según la estrella del cine indio Aamir Khan, cuando era niño, "casi todas las casas tenían un póster de Bruce Lee" en el Bombay de los años 70.

En Japón, las franquicias de manga y anime El Puño de la Estrella *del Norte* (1983-1988) y Dragon *Ball* (1984-1995) se inspiraron en películas de Lee como *Enter the Dragon*. A su vez, se atribuye a *El puño de la estrella del norte* y, especialmente, a Bola de *dragón,* el haber marcado las tendencias del manga y el anime shōnen popular a partir de la década de 1980. Spike Spiegel, el protagonista del anime *Cowboy Bebop* de 1998, aparece practicando Jeet Kune Do y cita a Lee.

Películas de Bruce Lee como Game of *Death* y *Enter the Dragon* fueron la base de géneros de videojuegos como los juegos de acción beat 'em up y los de lucha. El primer juego de lucha, *Kung-Fu Master* (1984), se basó en Game *of* Death de Lee. La franquicia de videojuegos *Street Fighter (que* debutó en 1987) se inspiró en *Enter the Dragon,* con una jugabilidad centrada en un torneo internacional de lucha, y cada personaje con una combinación única de etnia, nacionalidad y estilo de lucha; *Street Fighter pasó* a establecer el modelo para todos los juegos de lucha que siguieron. Desde entonces, casi todas las principales franquicias de juegos de lucha han tenido un personaje basado en Bruce Lee. En abril de 2014, Lee fue nombrado personaje destacado en el videojuego de deportes de combate *EA Sports UFC,* y es jugable en varias clases de peso.

En Francia, los Yamakasi citaron la filosofía de las artes marciales de Bruce Lee como influencia en su desarrollo de la disciplina del parkour en la década de 1990, junto con las acrobacias de Jackie Chan. Los Yamakasi consideraban a Lee como el "presidente no oficial" de su grupo.

La leyenda de Bruce Lee (2008), una serie dramática de la televisión china basada en la vida de Bruce Lee, ha sido vista por más de 400 millones de espectadores en China, lo que la convierte en la serie dramática de la televisión china más vista de todos los tiempos, a partir de 2017.

Comerciales

Aunque Bruce Lee no apareció en anuncios durante su vida, su imagen ha aparecido desde entonces en cientos de anuncios en todo el mundo. En 2008, Nokia lanzó una campaña en Internet con imágenes escenificadas con aspecto de documental de Bruce Lee jugando al ping-pong con su nunchaku y encendiendo cerillas cuando se las lanzan. Los vídeos se hicieron virales en YouTube, creando confusión ya que algunas personas creyeron que eran imágenes auténticas.

Honores

Premios

- 1972: Premio Caballo de Oro a la mejor película en mandarín

- 1972: Premio Especial del Jurado "*El Puño de la Furia*

- 1994: Premio de Cine de Hong Kong a la Trayectoria

- 1999: Nombrado por *Time como* una de las 100 personas más influyentes del siglo XX

- 2004: Premio Estrella del Siglo

- 2013: Premio Fundadores de los Premios Asiáticos

Estatuas

- Estatua de Bruce Lee (Los Ángeles): inaugurada el 15 de junio de 2013, Chinatown Central Plaza, Los Ángeles, California.

- Estatua de Bruce Lee (Hong Kong): El 27 de noviembre de 2005 se inauguró la estatua de bronce de Lee, de 2,5 m, en el que habría sido su 65º cumpleaños.

- Estatua de Bruce Lee (Mostar): El día antes de que se dedicara la estatua de Hong Kong, la ciudad de Mostar, en Bosnia y Herzegovina, inauguró su propia estatua de bronce de 1,68 m; los partidarios de la estatua citaron a Lee como símbolo unificador contra las divisiones étnicas del país, que habían culminado en la guerra de Bosnia de 1992 a 1995.

Lugares

En Jun'an, Guangdong, se construyó un parque temático dedicado a Lee. Los chinos continentales no empezaron a ver las películas de Bruce Lee hasta la década de 1980, cuando empezaron a estar disponibles los vídeos de películas clásicas como *The Chinese Connection*.

El 6 de enero de 2009 se anunció que la casa de Lee en Hong Kong (41 Cumberland Road, Kowloon, Hong Kong) sería conservada y transformada en un lugar turístico por Yu Pang-lin. Yu murió en 2015 y este plan no se materializó. En 2018, el nieto de Yu, Pang Chi-ping, dijo: "Convertiremos la mansión en un centro de estudios chinos el próximo año, que ofrece cursos como mandarín y música china para niños".

Otros libros de United Library

https://campsite.bio/unitedlibrary